Nachtgedanken

Nachtgedanken

von

Hans-Manfred Milde

Bibliografische Information der Deutschen Nationalbibliothek:
Die Deutsche Nationalbibliothek verzeichnet diese
Publikation in der Deutschen Nationalbibliografie; detaillierte
bibliografische Daten sind im Internet über
http://dnb.d-nb.de abrufbar.

© 2017 Hans-Manfred Milde
Herstellung und Verlag
BoD -Books on Demand, Norderstedt
Coverbild: Aurores © optik360 | Wikipedia – frei nach CC4.0

ISBN 978-3-7448-3765-1

Oh, ihr gedankenschweren, schlaflosen Nächte. Unruhig wälze ich mich von einer Seite zur anderen, finde keine geeignete Schlafstellung, in der ich zur Ruhe komme. Mein Körper rollt sich zusammen, um sich danach wieder zu strecken und auszudehnen, wie meine Gedanken. Nichts hilft. Und wäre das nicht noch genug, jagen sie wie aufgescheuchte Hühner nach allen Seiten, schlagen Purzelbäume und tanzen wilde Pirouetten.

Wieder so eine schlaflose Nacht.
Allzugern, oft gar voller Sehnsucht, denke ich in solchen Momenten zurück an meine Kindheit. Da mochte der vergangene Tag auch noch so vollgefüllt gewesen sein mit aufregenden Erlebnissen –
(*Was gab es in diesem Alter nicht alles zu entdecken? Unser selbstgebasteltes Schuhcremedosentelefon, durch das Günter und ich von Baum zu Baum miteinander sprechen konnten, sobald die Schnur gespannt war; oder am Teich, wo wir zwei glitschige Frösche entdeckten, bei denen einer so fest auf dem Rücken des anderen saß, dass es uns nicht möglich war, sie zu trennen; oder ...*) –
was auch immer mich tagsüber begeistert oder in helle Aufregung versetzt hatte, kaum lag ich am Abend im Bett, glitt ich schnell, fast unmerklich, in einen tiefen und festen Schlaf. Unbekümmert und voller Vertrauen verweilte ich darin, um am nächsten Morgen erfrischt und mutig wieder aufzustehen.

Nun aber, in meinem siebenundachtzigsten Lebensjahr, muss ich mich wohl an die langen schlaflosen Nächte gewöhnen. Kaum habe ich die Augen geschlossen, beginnen meine Gedanken unendliche Kreise zu ziehen; gleiten in längst vergangene Zeiten, eilen in irgendeine verschwommene Zukunft und sind in Windeseile wieder bei den Geschehnissen des letzten Tages. Da gibt es keinen Knopf, mit dem sie sich ausschalten lassen; selbst meinem sonst so starken Willen gelingt es nicht, einen Stoppbefehl zu geben. Es hilft auch nicht, sie ignorieren oder mit langatmigen Zahlenreihen totzählen zu wollen. Diese quälenden Gedanken werden wohl von nun an die Herrscher meiner Nächte sein.

Soll ich dem tatenlos zusehen?
Nein! Ich will das nicht länger dulden.
Diesem Chaos will ich ein Ende bereiten und nehme mir vor, meine Gedanken in eine von mir vorgegebene Richtung zu dirigieren. Ich will sie zwingen, an etwas Bestimmtes zu denken, um es danach aufzuschreiben. Papier und Stift liegen stets parat. Vor der nächsten Nacht werde ich mir dann das Aufgeschriebene durchlesen und dadurch meine wirren Nachtgedanken wieder dorthin zurückführen, wo sie in der letzten Nacht ihr Ende fanden. Nur so glaube ich, dem verworrenen Durcheinander entrinnen zu können. Doch kaum liegt mein Plan bereit, türmen sich tausend Fragen zu einem hohen Berg. Woran soll ich denken? In unserer schönen deutschen

Sprache sind es die großen W, welche die Fragen stellen.

Was?
Warum? Wer?
Wie? Wieso? Wohin?
Weswegen? Weshalb?

Die W's sind es, die sich aufdrängen und glauben lassen, unser Leben bestehe nur aus Fragen; aus den großen, existenziell-lebenswichtigen, aber auch aus den banalen, belanglosen, unwichtigen. Sobald ich aber versuche, eine Trennung vorzunehmen, merke ich, dass das gar nicht so leicht ist. Ort und Zeit spielen bei jeder Fragestellung eine große Rolle.
Auf die Frage: „Wo steht mittags die Sonne?" würden die Menschen in Thailand, wie auch die in Kolumbien mit ihren Fingern hoch über ihre Köpfe zeigen – und zeigten doch in völlig entgegengesetzte Richtungen. Da gäbe es wohl noch tausend andere Beispiele, doch mit solchen Banalitäten will ich meine schlaflosen Nächte nicht ausfüllen. Wenn schon denken, dann sinnvoll denken, denke ich mir!, (und freue mich über dieses Wortspiel). Animieren schlaflose Nächte nicht dazu, nach dem Sinn des Lebens zu fragen? Besonders in meinem Lebensalter? Und wie lauten diese Fragen?

WER bin ich?
WO komme ich her?

WO gehe ich hin?

Diese Drei sind es, die sich homo sapiens stellen, so lange sie auf dieser Erde herumwandern.
Hätte mir jemand, damals, als ich noch Kind war, diese drei Fragen gestellt, mir wären, (als aufgewecktem Bürschlein, welches ich damals gewesen bin), die Antworten sehr leichtgefallen:

Wer bin Ich? - Ich bin ICH.
Woher komme ich? - Aus dem Bauch meiner Mutter.
Wohin gehe ich? - Im Sarg in die Erde.

Nun, in meinem siebenundachtzigsten Lebensjahr fallen die Antworten nicht mehr so leicht. Trotzdem will ich es versuchen. So werde ich mir in der nächsten schlaflosen Nacht zuerst diese Frage stellen:

Wer bin Ich?

Geboren wurde ich als ein hilfloses Wesen, konnte mich weder allein fortbewegen, noch sauber halten. Wäre mir keine Nahrung angeboten worden, hätte mein Leben ein schnelles Ende genommen. Mich selber zu schützen gegen Hitze oder Kälte, gegen Insektenstiche oder andere Unbill, war mir nicht gegeben. Allein in der Obhut gleichartiger Lebewesen konnte ich aufwachsen. Das dauerte so etwa an die vier Jahre. Dann begann eine besondere Zeit. Früher wurde sie

Trotzphase genannt, später die *ICH-Findungs-Phase.*

Was in der letzten Nacht von mir aufgeschrieben wurde, kann ich am Morgen kaum lesen. Die im nächtlichen Zwielicht hin gekritzelten Hieroglyphen erscheinen mir genauso verwirrt, wie es meine Gedanken gewesen sind. Mein Gott, auf was habe ich mich da eingelassen? Warum genügt es mir nicht, an Banaleres zu denken? Der Bettler fällt mir ein, mit dem ich gern ein kleines Schwätzchen halte, um ihm danach meinen Obolus in die Hand zu drücken … oder die alte Frau, die in der Fußgängerzone vor mir her stolzierte und plötzlich stürzte … der Mann, der am Fluss Brotbrocken in die Luft warf und sich daran erfreute, wenn die Möwen sie mit ihren Schnäbeln - nein - in dieses Gedankenchaos des Alltäglichen will ich nicht wieder zurückkehren. Das nehme ich mir fest vor.

Am Abend: Ich liege im Bett und schließe die Augen. Mein mir selbst gegebenes Versprechen hallt wie im Echo nach. Keine Banalitäten!

WER BIN ICH?
Darüber will ich nachdenken. Über mich, obwohl das eigene ICH zu entdecken nicht nur Freude bereitet. Vater, Mutter, Onkel, Tante, Nachbarn, alle wussten angeblich schon frühzeitig, wer oder was ich bin. *Trotzkopf* wurde ich genannt, was nicht als Lob gedacht war. *Ein eigensinniges Kind! Stur wie ein Esel! Ein Küken, das schlauer sein will*

9

als die Henne! Der kleine Kerl will seinen eigenen Kopf durchsetzen! (Letzteren Satz hörte ich eigentlich gern, durfte es aber nicht zu erkennen geben.)
Besonders die Lehrer in der Schule schienen genau zu wissen, was für ein Mensch ich sei, beziehungsweise einmal werden würde. Zweimal im Jahr gaben sie ihr „Wissen" in amtlichen Zeugnissen preis:
... unaufmerksam ... lernunwillig ... sprunghaft ... widerspenstig ... geschwätzig ... unzuverlässig ... redet, wenn er nicht gefragt wird ... kann nicht stillsitzen.
Dass ich mich selber ganz anders sah, muss ich nicht extra erwähnen. Heute glaube ich, dass aus diesen frühen Klassifizierungen – zweimal im Jahr in Zeugnissen mit Unterschrift und Siegel bestätigt – bei Kindern mehr Unwillen gegen die Schule entsteht, als durch Grammatik und Mathematik.

Die Gedanken an die Schulzeit scheinen mich besonders angestrengt zu haben, kaum hatte ich sie aufgeschrieben, bin ich wohl im Schlaf versunken.

Heute Nacht will ich an das Danach denken, an das, was nach der Schule kam.
Kaum war ich den Kinderschuhen entwachsen, drängte sich eine andere, für mich ganz entscheidende Frage, in den Vordergrund: Was soll aus mir werden?
Die Erstantwort war schnell gefunden: Ein Baustein wollte ich sein, auf den nicht nur mein

Leben aufgebaut ist, sondern auch das der ganzen menschlichen Gesellschaft. Ein BAUSTEIN, der die Welt trägt - zugegeben, es waren die Gedanken eines Pubertierenden. Sie hielten mich lange gefangen.

In meiner Erinnerung tauchte das Bild meiner alten Schule auf: ein imposanter Bau aus ungezählten roten Ziegelsteinen. Sollte oder wollte ich ein solcher Baustein mein Leben lang sein? Das konnte ich mir nicht vorstellen. Da kam mir das Wort ECKSTEIN in den Sinn, von dem in der Bibel geschrieben steht: *der Stein, den die Bauleute verworfen haben, sei zu einem Eckstein geworden.* Lange habe ich darüber nachgesonnen, was wohl das Besondere an einem Eckstein sei, bis mir die Erkenntnis kam: Er ist wichtig! Seine Aufgabe ist es, (im Gegensatz zu den ungezählten Steinen, welche unter und über und nebeneinander alle einander gleich sind), an Ecken und Kanten den Gefahren zu widerstehen, die dem erbauten Gebäude von außen drohen. Der Eckstein hat die Wände zu stützen; hat sie zusammenzuhalten; gibt ihnen die Richtung vor, nach rechts, nach links, und auch von unten nach oben. Am Eckstein wird die Richtung vorgegeben. Das Lot angesetzt. Ja, das wollte ich werden: Ja! Ja! Und tausendmal JA!

Und nun, nachdem das Leben gelebt ist, sich die Blickrichtung wendet, zurück auf die Spuren eines langen Wegs - was bleibt als Erkenntnis?

Weder Baustein, noch Eckstein bin ich gewesen.

11

Um zu dieser Einsicht zu gelangen, legten meine Gedanken weite Wege zurück. In der kommenden Nacht will ich versuchen, sie zu ergründen.

In früheren Zeiten glaubten die Menschen, die Erde sei der Mittelpunkt der Schöpfung. Sonne, Mond, Sterne, alles ziehe in großen Kreisen um sie herum. So sah auch ich, (wie wohl jedes Kind), die mich damals umgebende Welt. Mutter, Vater, Geschwister, Freunde, Fremde, alle ziehen ihre Bahn um mich – um das ICH eines heranwachsenden Kindes.
Es dauerte lange, bis die Menschheit erkannte, und auch anerkannte, wie klein und unscheinbar unsere Erde in der Unendlichkeit des Weltenraums herumschwebt. Allein der Mond dreht sich um die Erde - alle anderen Himmelskörper ziehen ihre eigenen Bahnen.

Doch was ist schon unser kleines Sonnensystem? Weiten wir unseren Blick auf die Galaxis, zu der wir gehören, der *Milchstraße*.

Wo finden wir in ihr unsere Sonne, um die unsere kleine Erde kreist? Weit außen am Rand! Weder in Größe noch Leuchtkraft übertrifft unsere Sonne die anderen. Sie ist nur eine von ca. 100 Milliarden anderer Sonnen allein in unserer Galaxis! Bei diesem Wissen müssen wir wohl anerkennen: auch unsere Sonne ist nur ein kleiner Punkt in unser unendlich großen Welt.

Und wäre das nicht alles schon Beweis genug für die Winzigkeit unserer Existenz, führen wir uns vor Augen, (obwohl wir es mit den uns gegebenen Augen gar nicht sehen und mit unserem Gehirn kaum begreifen können): unsere Galaxis, die wir *Milchstraße* nennen, ist wiederum nur eine von mehreren

Milliarden anderer Galaxien. Das ist schier unbegreiflich.

Wie groß mag dieses Universums wirklich sein?
Mir ist bekannt, dass unsere Wissenschaftler mit den besten Instrumenten, die ihnen zur Verfügung stehen, Galaxien bis in eine Entfernung von etwa 13 Milliarden Lichtjahren beobachten können. 13 Milliarden Lichtjahre (!) – ein Lichtjahr beträgt mehr als 9 Milliarden Kilometer! Und niemand weiß, ob und wie es dahinter weitergeht.
Wie viele Nachtstunden würde ich brauchen, dies auszurechnen? Geschenkt! Was hilft mir ein solches Rechenergebnis, wenn ich es nicht mehr begreifen kann?

Gravitational Lens in Galaxy Cluster Abell 1689 ⊙ HUBBLESITE.org

Bevor wir uns aber in der Unendlichkeit des Weltalls verlieren, kehren wir lieber in unsere kleine Galaxie, die *Milchstraße*, zurück.

Weit außen, in einem der mäandernden Seitentäler, finden wir unsere Sonne wieder - und um sie herum kreist unsere kleine Erde.

Endlich wieder daheim!

Setzen wir aber mal unsere Erde in Vergleich mit all dem, was wir soeben gedanklich durchreist haben, fällt es wohl nicht schwer, sie als ein *Sandkorn* im riesigen Weltall zu bezeichnen.

Doch damit nicht genug: Auf diesem *Sandkorn* lebt jeder von uns in Gemeinschaft mit bald 8 Milliarden anderen Menschen. Ist es da nicht gewagt, überhaupt die Frage zu stellen: Wer bin **ICH**?

Wagen wir es trotzdem und setzen alles, was wir bisher durchdacht haben, in Verhältnis zueinander: Da gibt es für mich die einzige Erkenntnis:

Weder Baustein, noch Eckstein bin ich - ein Staubkorn nur auf einem winzigen Sandkorn - wie jeder von uns!

Sich größer einzuschätzen wäre, im Bewusstsein der Unendlichkeit dieser großen und genialen Schöpfung, nichts anderes als ein Ausdruck menschlicher Überheblichkeit.

Das klingt sehr hart. Aber nach allem, was ich bis hierher durchdacht und vielleicht auch schmerzhaft erkannt habe, muss ich nicht verzagen.

Auch wenn jeder einzelne Mensch im Verhältnis zum Gesamtuniversum nur einem Staubkorn gleichen mag, bleibt er doch einzigartig, weil er – das ist die erlösende Erkenntnis meiner Nachtgedanken – ein Teil dieser wunderbaren Schöpfung ist. Wie keine der ungezählten Schneeflocken, die Jahr für Jahr auf diese Erde hernniederrieseln, der anderen gleicht, so gleicht auch kein Mensch dem anderen. Allein die Linien auf unseren Fingerspitzen sind dafür ein klarer, wenn auch nur äußerlicher Beweis. In diesem, (aus universeller Sicht) winzig kleinen Körper lebt etwas, was die einen *Seele* nennen, andere *Geist*. Welche Bezeichnung gewählt wird, bleibt für mich unerheblich.

Einspruch!, höre ich plötzlich rufen. Seele und Geist sind nicht das Gleiche.
Erschrocken drehe ich mich auf die andere Seite.
Wie bitte? Höre ich recht? Seele und Geist sollen nicht zusammengehören? Sollen nicht eins sein? Dann sag mir, was die beiden trennt. Worin sie sich unterscheiden.

Verwirrt stehe ich auf und hole mir ein Glas kaltes Wasser. Schlafen ist jetzt unmöglich.
Für mich gibt es nur eine Unterscheidung: die zwischen dem Körper (den ich als meine Hülle bezeichne) und dem, was mein Innen-Leben

bestimmt. Weil ich aber, trotz meines hohen Alters noch immer bereit bin, aus der Gedankenwelt Andersdenkender zu lernen, warte ich gespannt darauf, welche Antworten mir gegeben werden. Und schon höre ich:

Der menschliche Geist ermöglicht uns zu denken; er lässt uns schöpferisch wirken. Ob es die Werke eines Michelangelos sind, die Melodien eines Beethoven oder die Entwicklung einer Rakete, mit der wir zum Mond fliegen, das alles verdanken wir dem menschlichen Geist.

Einverstanden. Dieser Einwand zeigt aber klar, dass der Begriff *„Menschlicher Geist"* eine doppelte Bedeutung hat.

So, wie gerade dargestellt, bedeutet er: *Verstand, Intellekt.*
Daraus entsteht die Fähigkeit, zu denken; schöpferisch zu wirken und wundervolle Werke in Kunst, Kultur und Technik zu schaffen. Damit heben wir uns von den Tieren ab. Welch grandiose Entwicklung hat die Menschheit genommen zwischen der Steinzeit und dem Heute.

Das ist richtig und gut. Doch der *Menschliche Geist* darf nicht allein auf unsere Fähigkeit zu denken reduziert werden.

Er bedeutet auch: *Gesinnung, Ethik, Sittlichkeit.*

Deshalb trenne ich in meinen Nachtgedanken den Oberbegriff *„Menschlicher Geist"* und schiebe den Teil, der *Intellekt* und *Denkvermögen* bezeichnet, zur Seite – denn nach heutigem Wissenstand wird dieser Bereich wohl bald in sehr starkem Maße von der künstlichen Intelligenz der Roboter übernommen.

Lieber wende mich dem anderen, für mich wichtigerem Teil des menschlichen Geistes zu, dem der *Gesinnung,* der *Ethik,* der *Sittlichkeit.*

Welche Motivation treibt einen Menschen an, etwas Bestimmtes zu tun? Wie denkt und fühlt er? Welche Werte, welche Moralvorstellungen hat er? Die Beantwortung dieser Fragen ist mir wichtiger. Fragt man nicht oft: *Wessen Geistes Kind er wohl sei?* Ist es ihm (z.B.) gleich, ob Menschen hungern, nur weil er die Preise künstlich hochtreibt, um mit seinen Geschäften viel verdienen zu können? Sieht jemand in jedem Fremden eine Gefahr, oder nimmt er ihn als Mitmenschen wahr? Fühlt er sich betroffen beim Anblick von Unfalltoten und Verletzten, oder macht er lieber Fotos des grausamen Geschehens, um sie an eine Zeitung zu verkaufen?

Diesen *Geist* meine ich, wenn ich von einer Gemeinschaft mit der *Seele* spreche. Zwischen diesen beiden darf kein Trennstrich gezogen

werde. Nur wer beides als Einheit empfindet, handelt menschlich. Daran lass' ich nicht rütteln.
Wie kann ich das nur genauer erklären?
Vielleicht damit, dass in Momenten, in denen man etwas tut, was man eigentlich nicht tun dürfte, also etwas „mit schlechtem Gewissen" tut, sofort spürt, wie eng dieser *ethische Geist* mit der *Seele* verwoben ist.

*

So froh ich über die letzterworbene Erkenntnis bin, dass dieser *ethische Geist* mit der *Seele* eine Einheit bildet, treibt mich heute Nacht ein anderer, schon vor einiger Zeit durchdachter Gedanke noch einmal um.

In einer der letzten schlaflosen Nächte zogen meine Gedanken eine Trennung zwischen dem *denkenden Geist,* unserem *Intellekt,* und dem *fühlenden/ethischen Geist.* Das scheint mir durchaus angebracht.

Aber - je mehr ich aber über diesen Punkt wieder und wieder nachdenke, quält mich die Erkenntnis, dass diese Trennung der eigentliche Grund für alles Übel ist, unter dem die Menschheit und auch die Natur leiden. Wäre der *ethische/seelische Geist* der Menschen im Gleichgewicht mit seinem *Verstand/Intellekt,* (oder ihm gar überlegen), wäre das menschliche Handeln ein anderes, als wir es heute vielfach erleben.

Weil wir einen Trennstrich ziehen zwischen *Intellekt* und *Ethik/Moral*, verhindern wir reinmenschliches Handeln. Würden die Menschen ihr gesamtes *Innenleben* als Einheit sehen, gäbe es nicht so viel Schlechtes auf der Erde. Erst wenn intelligentes Handeln auch den ethischen Grundsätzen entspricht, wird es wahrhaft menschlich sein.

Beispiele hinken, sagt der Volksmund, trotzdem will ich versuchen, in einem zu erklären, was ich meine:
Wissenschaftler forschen, um ein Giftgas zu finden, mit dem (unter anderem auch) Menschen getötet werden können; Arbeiter sind damit beschäftigt, diese Erfindung zu produzieren; andere setzen das Gas ein – alle gesteuert vom Verstand, dem Intellekt.
Wenn die gleichen Menschen später vom qualvollen Sterben getöteter Frauen und Männern hören und lesen, schockierende Fotos von brennenden Kindern sehen, schmerzt das ihre SEELE.
„Tut mir ja leid, aber so ist die Welt", wird dann zur Entschuldigung vorgebracht. „Wir mussten das Gas (Panzer, Gewehre usw.) herstellen; wenn **wir** es nicht gemacht hätten, hätten es andere getan. Unsere Arbeitsplätze …"

Aber so müsste die Welt nicht sein. Die Schöpfung hat das sicher nicht gewollt. Die Trennung zwischen *Intellekt/Geist* und *Seele/Geist* ist von Menschen konstruiert.

Ich bin davon überzeugt:

Der Menschengeist und die Menschenseele gehören zusammen. Rief nicht der am Kreuz gequälte Jesu: *Herr, ich befehle meinen Geist in deine Hände!* – Damit meinte er alles Nicht-Körperliche, Geist **und** Seele.

Nicht jeder, der dies liest, wird meiner Meinung zustimmen, aber vielleicht regt es ihn an, selbst einmal über diese Fragen nachzudenken. Mich aber haben meine Nachtgedanken umso fester zu der Überzeugung gebracht, dass das, was unser eigentliches Leben ausmacht, nicht getrennt werden darf. Vielleicht wird die immer weitergehende Evolution die Menschheit in ferner Zeit dazu bringen, *„alles, was in mir ist"* als Einheit zu sehen und auch danach zu handeln.

Wichtig bleibt, dass jeder Einzelne spürt: mein Körper, (und immer wieder läuft mir ein Schauer über den Rücken, wenn ich bedenke, was für ein Winzling er im unendlich großem Universum ist), in diesem Winzling lebt meine *Seele*.

Oft wird in der Literatur der Ausdruck vom *inneren Menschen* oder dem *inwendigen Menschen* verwendet, was zum Ausdruck bringen soll, dass das eigentliche menschliche Leben innen, also **im** Körper stattfindet. Vielen mag es schwerfallen, das Äußere (den Körper) und das Innere (Geist/Seele), getrennt zu empfinden. Das fällt auch gar nicht leicht, weil eines das andere bedingt, eines das andere beeinflusst.

Wer sich also die Frage stellt: WER BIN ICH? darf mit Fug und Recht sagen: Trotz der Winzigkeit meines Körpers im Verhältnis zum Universum bin ich ein Teil der Schöpfung. (Über das Wort Schöpfung/Schöpfer will ich in den nächsten schlaflosen Nächten noch genauer nachdenken.)

Wer auch immer dieser Schöpfer sein mag: ER, (ob es eine SIE ist, oder ein ES, das sei bedeutungslos dahingestellt), ER hat mich gewollt! Allein aus dieser Erkenntnis wächst meine Dankbarkeit, dass *ich* geworden bin. Nun weiß ich auch, wer ich bin:
Ein vom Schöpfer gewolltes Wesen!

*

Wie viele Nächte ich gebraucht habe, zu dieser Erkenntnis zu gelangen, habe ich nicht notiert. Nur eines weiß ich: die früher so qualvollen Nächte haben sich gewandelt; manchmal freue ich mich sogar auf die nächsten nächtlichen Stunden, in denen der Schlaf nicht kommen mag. Dann will ich die nächste große Frage angehen:

Wo komme ich her?

Die kindliche Antwort: *„Aus dem Bauch der Mutter"* verliert nichts von ihrer Gültigkeit, nur muss sie erweitert werden mit dem, was des Vaters Anteil ist.

Doch dem reifen Geist reicht diese Antwort nicht aus. Die Theorie der Evolution ist nicht allen einleuchtend. Allein der Gedanke, der Mensch könne vom Affen abstammen, erschreckt viele und lässt sie an dieser Theorie zweifeln.

Doch die Wissenschaft hat uns gelehrt:

Alles, was existiert, ob im Makro- oder im Mikrokosmos, gehört zusammen, bedingt einander; besteht aus den gleichen Urstoffen. Folglich muss es einen gemeinsamen Ausgangspunkt gegeben haben.

Was wir Menschen mit unseren beschränkten Sinnen wahrnehmen können, wurde erschaffen, oder stammt von irgendetwas ab, was erschaffen wurde. So, wie sich die Abstammung jedes einzelnen Menschen erforschen lässt, (bei vielen nur über drei bis vier Generationen zurück, bei wenigen über Jahrhunderte), so lässt sich auch die Entstehung unserer gesamten Welt zurückverfolgen – bis hin zum sogenannten Urknall.

Damit wäre meine Frage: *Wo komme ich her?* eigentlich schon beantwortet: Ich habe meinen Ursprung, wie alles andere um mich herum ebenfalls: im Urknall.

Nach diesem Gedankensatz könnte ich mich eigentlich auf die Seite drehen und versuchen einzuschlafen – doch meine Nachtgedanken geben keine Ruhe; sie wollen alles genau wissen und stellen die nächste Frage:

Wenn mein Ursprung (und alles andere, was existiert) im Urknall liegt, wer löste ihn aus?

Nichts?

Das geht nicht.

Von Nichts kommt Nichts, das lernt jeder schon in der ersten Schulklasse. Null plus Null bleibt Null; das gilt nicht nur beim Addieren.

Selbst der von einigen Wissenschaftlern eingebrachte Gedankengang, ein früheres Universum sei in sich zusammengebrochen, seine Überreste hätten sich dabei letztendlich so verdichtet, bis diese Urmasse wieder explodiert sei, genügt mir nicht. Diese Annahme schöbe die eigentliche Frage nur weiter zurück, denn auch dieses frühere (zusammengebrochene) Universum muss bei Irgendwas oder bei Irgendwem seinen Ursprung gehabt haben.

Um diejenigen, die mit dem Wort GOTT nichts anzufangen wissen, nicht aus meinem Denkprozess auszuschließen, will ich das neutralere Wort SCHÖPFER benutzen. Nun glaube aber keiner, damit seien alle Missverständnisse ausgeräumt. In einem Gespräch mit einem Freund wurde mir entgegengehalten:

„Dass irgendwo da oben ein alter Mann sitzt, der alles gemacht hat und weiterhin bestimmt, kann ich nicht glauben."

Nun, ehrlich gesagt, das kann ich auch nicht. Nur scheint es mir verwegen, zu glauben, wir Menschen könnten alles, was es gibt, mit unseren Sinnen oder unserem Verstand erfassen. Sicher ist das menschliche Denkvermögen gewachsen und wird auch weiterhin neue Erkenntnisse erlangen. Doch unserem menschlichen Gehirn sind Grenzen gesetzt.

Nur ein kleiner Teil der Materie, die es im Universum gibt, ist unseren Wissenschaftler bekannt. Den viel größeren Teil nennen sie *Dunkle Materie*, obwohl sie nicht wissen, woraus sie besteht und ob es sie überhaupt gibt. Ebenso ergeht es der so genannten *Dunklen Energie*, die ebenfalls große Rätsel aufgibt. Nach dem heutigen menschlichen Wissensstand besteht unser Universum in sehr großem Maß aus Materie, die mit unseren Sinnen (und auch nicht mit den besten Geräten) nicht erkannt werden kann. Dennoch vermutet die Wissenschaft, dass sie vorhanden sein muss.

Wir Menschen können vieles, was in dieser Welt existiert, nicht begreifen - warum wollen wir das nicht eingestehen?

Da geht mir ein kleines Beispiel durch den Kopf: Eine Ameise, läuft über eine Brücke, um ans andere Ufer des Flusses zu gelangen. Sie wird nie begreifen, dass diese Brücke von einem anderen, lebenden Wesen erbaut wurde.

Auch wir Menschen können nicht immer alles verstehen, was hier auf der Erde geschieht. Auch dazu ein Beispiel: Tiefseeforscher haben schon lange die sogenannten *Schwarzen Raucher* entdeckt, aus denen im Meer in großer Tiefe siedend heißes und hochgiftiges Wasser entströmt – wie aber Fische und andere Lebewesen darin existieren können, ist für uns unbegreiflich.

Oder Tiere, die Ihr Geschlecht wechseln; andere, die ohne Zutun eines männlichen Partners befruchtete Eier legen. Vergessen wir nicht das Schnabeltier, das Eier legt, seinen Nachwuchs danach aber säugt – ein eierlegendes Säugetier also.

Sicherlich wird der menschliche Forschergeist noch viele uns bisher verborgenen Geschehnisse erklären können. Dass aber dieses überaus intelligente Lebewesen *Mensch* sich in Kriegen (oft millionenfach) gegenseitig tötet, wird wohl auch weiterhin ein ungelöstes Rätsel bleiben.

So bleibt unserer Spezies vieles unverständlich, was um uns herum geschieht.

Heute ist ein regnerischer Tag. Grau hängen die Wolken bis auf die Häuser herab. Beim Nachlesen dessen, was ich gestern aufgeschrieben habe, erinnere ich mich an einen damals vierzehn Jahre alten Jungen, der mir einmal eine sehr interessante Frage gestellt hat:

„In der vierten Unterrichtsstunde erklärte uns der Lehrer im Fach Biologie die Evolutionstheorie, nach der es Milliarden Jahre gedauert hat, bis der Mensch auf der Erde erschienen ist - und in der nächsten Unterrichtsstunde erzählte uns der Pfarrer im Religionsunterricht: Gott hat in sieben Tagen die Welt erschaffen, am sechsten Tag den Menschen. Was soll ich nun glauben?"

Eine schwere Frage?

Ich denke nein.

Um dem Jungen meine Sicht der unterschiedlichen Darstellungen, die zur Erschaffung des Menschen führten, deutlich zu machen, nahm jeder von uns ein Stück Papier. Der Junge schrieb die Entstehung der Welt bis zur Menschwerdung nach Darstellung der Bibel auf, ich übernahm die Erkenntnisse der Astrophysiker und von Charles Darwin. Als wir das getan hatten, entdeckten wir, dass unsere Niederschriften fast deckungsgleich waren.

Auf dem Zettel des Jungen stand in dieser Reihenfolge:

Gott sprach: Es werde Licht –

Bei mir: Der Urknall –

Beim Jungen: Gott sprach: Es werde eine Feste –

Bei mir: Entstehung der Planeten –

Junge: Gott trennt das Wasser von der Feste –

Ich: Der Urkontinent entsteht -

Junge: Es errege sich das Wasser mit lebendigen Tieren

Ich: Das erste Leben auf der Erde bildete sich im Wasser

Junge: Die Erde bringe hervor lebendige Tiere –

Ich: Erste Lebewesen verlassen das Wasser und leben fortan auf der Erde –

Junge: Lasset uns Menschen machen –

Ich: Aus der Vielzahl von Lebewesen entwickelt sich der homo sapiens –

Nachdem dies alles vermerkt war, versuchten wir den vermuteten Widerspruch zu entdecken. Das

Einzige, worin sich unsere Aufzeichnungen total unterschieden, waren die Zeitangaben. Mein Zettel verzeichnete viele Millionen Jahre, bei dem Jungen waren es 6 Tage.

Deshalb stellte ich dem Jungen eine neue Frage:

Was ist das eigentlich: ein Tag?

Das wusste der Junge trefflich zu beantworten.

Ein Tag ist der Zeitraum, in dem sich die Erde einmal um sich selbst dreht.

Meine nächste Frage:

Was bedeutet es für die gesamte unendlich große Schöpfung, für dieses riesige Weltall mit seinen unzähligen Galaxien, wenn sich unsere kleine Erde einmal um sich selbst dreht?

Da waren wir uns schnell einig: *NICHTS.*

Daraus erwuchs unsere gemeinsame Erkenntnis, dass ein irdischer Tag nur für uns Menschen eine Bedeutung hat; für die Erschaffung eines Weltalls mit allem, was in ihm lebt, aber völlig unbedeutend ist. Eine Erdumdrehung ist für die Menschen eine wichtige Maßeinheit, für die Gesamtschöpfung ist sie belanglos - vergleichbar mit einem Wimpernschlag, den jeder von uns täglich millionenfach ausführt, ohne es zu bemerken.

Wenn Moses die Schöpfung - vom Urknall bis hin zum Erscheinen des Menschen auf der Erde - trotzdem in Tage einteilte, tat er das vermutlich, weil die damals lebenden Menschen, (die zum größten Teil weder des Lesens noch des Schreibens kundig waren), mit langen Zahlenreihen (Millionen/Milliarden) nichts anzufangen gewusst hätten.

Der einzige Unterschied in den verschiedenen Aussagen des Biologielehrers und des Pfarrers liegt also allein in der Definition der ZEIT.

Wie unterschiedlich dieser Begriff sein kann, ist auch bei uns auf der Erde sichtbar: Für eine Eintagsfliege bedeutet ein Tag den Zeitraum für ein ganzes Leben - für eine Galapagos-Schildkröte, die bis zu 180 Jahre alt werden kann, hat ein einzelner Tag wenig Bedeutung. Ob Milliarden Jahre oder ein Tag, das sind nur verschiedene Maßstäbe unterschiedlicher Sichtweisen.

Nach all diesen und noch anderen Erörterungen stimmte mein junger Freund meinen Erläuterungen zu und war froh, weder dem Pfarrer noch dem Biolehrer eine „Falschaussage" ankreiden zu müssen.

Am Abend, bevor ich mich ins Bett lege, bin ich erstaunt, dass meine Nachtgedanken jetzt auch am Tag von mir Besitz ergreifen. Mag es am Nebel gelegen haben, am diffusen Licht? Mir soll es gleich sein. Zumindest weiß ich, wohin ich in den nächsten schlaflosen Stunden meine Gedanken zurückkehren lassen will: zur Frage nach meiner/unserer Herkunft.

Wenn wir anerkennen, dass von NICHTS nichts kommt, muss es also *etwas* Anderes geben. ETWAS – schon wieder ein neuer Begriff. Was soll das sein? Ist das nicht nur ein, vielleicht noch neutralerer Begriff für diejenigen, die sich scheuen vom SCHÖPFER oder gar von einem GOTT zu reden? Ich scheue mich nicht, dieses ETWAS, diesen SCHÖPFER, GOTT zu nennen. Dabei ist es mir gleich, wenn andere Religionen andere Namen dafür benützen: JAHWE, ALLAH oder was auch sonst.

Mir fällt es leicht, laut auszusprechen:

Ich glaube an Gott, den Schöpfer des Himmels und der Erde ... - und damit ist meine Eingangsfrage: *Woher komme ich?* beantwortet.

Wenn ich auch nur ein winziger, winzig kleiner Teil der großen, für uns Menschen in ihrer Unendlichkeit kaum zu erfassenden Schöpfung bin - *Staubkorn* habe ich es genannt - so bin ich doch von Gott gewollt und komme aus ihm! Denn auch ein Staubkorn bedarf eines Ursprungs, weil wir wissen:

Von NICHTS kommt nichts.

*

Nachdem ich nun glaube, zu wissen, wer ich bin und woher ich komme, will ich in meinen schlaflosen Stunden nun versuchen, eine Antwort auf die dritte Frage zu finden:

Wo gehe ich hin?

Wenn ich alles, was ich bisher niedergeschrieben habe, aus meinem Wissen ableiten konnte, stehen mir zur Beantwortung meiner letzten Frage allein mein Fühlen und Ahnen zur Verfügung.
Manch einer, mit dem ich diese Frage zu erörtern suchte, formulierte mir allzu bequem:
Tot ist tot – Aus. Ende. Schluss.

Manchmal höre ich auch zwei andere Gedankengänge, die ebenfalls immer wieder vorgebracht werden. Sie sollen nicht unerwähnt bleiben:
Der eine sagt: Alles, was abstirbt, (Blätter, Bäume, Tiere, Menschen), wird zum Nährstoff für neues Leben – und lebt damit (z.B. in einer neuen Pflanze) weiter. Das sei es, was als „Unsterblichkeit" bezeichnet wird.

Andere wiederum sehen die „menschliche Unsterblichkeit" darin, dass der Verstorbene in der Erinnerung ihm nahestehender Personen weiterlebt.

Betrifft die erste Argumentation allein den Körper, das Animalische, täuscht die zweite eine *Ewigkeit* vor, die (bei wohl 99 % der Weltbevölkerung) spätestens nach der zweiten oder dritten Generation zu Ende geht.

So leicht will ich es mir nicht machen.

Ich war fünf Jahre alt, als ich den ersten toten Menschen sah – meine geliebte Großmutter. Eigentlich habe ich die Tote nicht gesehen, denn nach alter Sitte war ihr Gesicht mit einem weißen Tuch bedeckt. (Auch der große Spiegel, der zwischen den Fenstern hing, wurde zugehängt und der Perpendikel der Wanduhr angehalten.)
Das größte Phänomen an Omas Tod aber war für mich ein anderes, eher beiläufiges Ereignis.
Neben ihrem Bett stand seit vielen Jahren ein Vogelkäfig, aus dem heraus ein gelber Kanarienvogel zur Freude meiner Großmutter wunderbar tirilierte. Auch dieser Käfig wurde (nach Omas Tod) mit einem Tuch abgedeckt, als wolle man dem Vogel, wie auch mir, den Anblick einer Toten verwehren. Erst nachdem der Leichnam abgeholt war, wurde das Tuch wieder gelüftet – da lag der Vogel tot auf dem Käfigboden. Niemand konnte mir erklären, warum der Kanarienvogel plötzlich nicht mehr lebte.

So ist meine erste Begegnung mit dem Tod für mich mit einem unerklärlichen Geheimnis verbunden, etwas Mystischem, für das ich bis heut keine Erklärung gefunden habe.

Natürlich habe ich damals sehr geweint, denn meine Oma war für mich der Inbegriff reiner Liebe. Sie war immer für mich da, hatte immer ein offenes Ohr für die Sorgen eines Fünfjährigen. Oft hatte sie sich zur Fürsprecherin bei Mutter gemacht, wenn ich etwas getan hatte, was nicht ganz rechtens war. Nun war sie von einem Tag zum anderen nicht mehr da. Das schmerzte die kleine Kinderseele – aber mir war damals schon klar, dass Menschen sterben müssen. Es werden ja jeden Tag neue geboren. Wenn niemand stürbe, wäre auf unserer kleinen Erde schnell kein Platz mehr.

Deshalb ist es für mich blanker Irrsinn, wenn Forscher weltweit Millionen ausgeben, um nach der „Unsterblichkeit des Menschen" zu suchen. Bar jeder Vernunft suchen Menschen nach etwas, was den Untergang der gesamten Menschheit nur beschleunigen würde. Selbst wenn es gelänge, nur die (relativ lange) Lebensdauer der Galapagos-Schildkröten auf Menschen zu übertragen, wem würde es nützen?
Wer könnte sich dieses Wundermittel leisten?
Auf Krankenschein wäre es sicher nicht zu haben. Die Ersten, welche es für sich beanspruchen würden, da bin ich mir sicher, wären die Despoten dieser Welt.

Nein – diesem widerlichen Gedankengang möchte ich nicht mehr folgen. Empört bin ich nur, dass intelligente Menschen Forschungen betreiben, die dem Wohle der Menschheit nicht dienen, sondern ihm konträr gegenüberstehen.
Aber das haben sie ja mit der Spaltung des Atoms auch schon getan – und später bereut. So wunderbar dieses Geschöpf MENSCH in seiner Vielfalt auch sein mag, was in ihm bis heute unterentwickelt geblieben ist, ist seine Vernunft.

Es fällt mir nicht leicht, diese Gedanken zu verscheuchen, aber vielleicht sind sie notwendig, bevor ich tiefer über die Frage nachdenke:
Wo gehen wir hin?

Wohin mein Körper gehen wird, ist mir klar. Man wird ihn nach meinem Tod in einen hölzernen Sarg legen und in der Erde vergraben.
Was aber geschieht mit mir? Mit meiner Seele? Meinem Geist? Mit meinem ICH, das so ganz anders ist (oder war) wie das meines Nachbarn?

Als Oma starb, hat man mich mit den Worten getröstet: „Oma ist jetzt im Himmel", doch ich wusste nicht, was ich mir darunter vorstellen sollte. Lebte sie jetzt irgendwo über unseren Köpfen? Sie war doch tot.

Später lernte ich im Englischunterricht zu unterscheiden zwischen *Sky* und *Heaven*. Da tauchten in meinen Gedanken die alten Kinderfragen plötzlich in einem ganz neuen Licht wieder auf.
Als der russische Kosmonaut Gagarin 1961 als erster Mensch durch den Weltraum kreiste und hinterher prahlte, er habe keinen Gott gesehen, habe ich ihn (still für mich) ausgelacht. Er ist ja nur im *Sky* herumgekreist, nicht im *Heaven*.

Dieser Gedanke wirbelte aber viele andere auf:

Wenn der Begriff *Sky* nur den unendlich großen Weltraum bezeichnet, (durch den ich in vielen Nächten in meiner Fantasie gereist bin), und ich ihn nun in Gegensatz zu *Heaven* setze, liegt da nicht die Erkenntnis nahe, dass dieser *Heaven* außerhalb von *Sky* sein muss?

Natürlich!
Wenn ich in meiner nächtlichen Gedankenwelt alles, was im Weltraum geschieht, was umeinanderkreist und doch miteinander in steter Wechselbeziehung steht, mit einer Maschine vergleiche, die ein Mensch gebaut hat, komme ich da nicht zum Schluss, dass kein Schöpfer, (hier auf Erden würde man ihn Konstrukteur nennen), in seiner Maschine wohnt, bzw. lebt?

Oh weh!
Was für abstruse Gedanken müssen in der vorigen Nacht durch meinen Kopf geschwirrt sein! Ich hatte versucht, Göttliches mit Menschenwerk zu vergleichen. Aber, je länger ich darüber nachsinne, so ganz falsch scheint mein gestriger Vergleich doch nicht zu sein. Lebt nicht der Geist (diese schöpferische Kraft) des Konstrukteurs in seiner Maschine, und nur durch ihn kann sie funktionieren? Und weil ich davon ausgehe, dass Gott reiner Geist ist, dann lebt und wirkt er in seinem Werk. *Heaven* kann also nicht außerhalb von *Sky* liegen, sondern mitten darin. Mitten in allem, was erschaffen wurde. Auch mitten in mir!

Nun ist es schon schwer, sich diesen real existierenden Weltraum in seiner Unendlichkeit vorzustellen. Wie aber erst diesen *Heaven*? Alle Glaubensgemeinschaften, die von seiner Existenz überzeugt sind, haben die unterschiedlichsten Vorstellungen. Das entspricht dem wachen menschlichen Geist und ist mir verständlich.

Aber tief in mir wächst der Gedanke, dass unser *Leben nach dem Tod* anders sein wird, als alle Religionen uns verkünden.

Da sitzt kein *alter Mann mit weißem Bart* auf einem hohen Thron, zu dessen Füßen die Guten ihm nahe, die Schlechten weiter entfernt ihren Platz finden.

Geist hat keine Form. Wenn es heißt: Gott schuf den Menschen nach seinem Bilde ... damit ist, so sagen es mir meine nächtlichen Gedanken, nicht das Körperliche gemeint; denn das Körperliche ist ja das Sterbliche.

Wie auch immer man den, der dieses wunderbare Weltall erschuf, auch nennen mag, ob *Schöpfer*, *Gott* oder nur das *Etwas* – muss körperlos sein, weil er unsterblich ist. *Nach seinem Bilde geschaffen* heißt deshalb nichts anderes als:

In unserem Menschenkörper lebt ein Teil seines schöpferischen Geistes. Ein winziges Segment vielleicht nur, doch wer sagt uns, dass die seit vielen Jahrmillionen andauernde Evolution (auch bei uns Menschen!) schon abgeschlossen ist?

Meine Gedanken in der letzten Nacht aber kommen zu einer mich glücklich machenden Erkenntnis:

Der in meinem Körper lebende *Geist* (auch *Seele* genannt) ist ein Teil meines Schöpfers. Und weil ich bereit bin, meinen Schöpfer GOTT zu nennen, kann ich voller Freude sagen: Gott lebt in mir.

Und dieser Teil meines bisherigen Seins ist unsterblich, weil er göttlich ist. Er wird, wenn mein Körper stirbt, zurückkehren zu dem, der diesen göttlichen Funken ausgesandt hat.

Für jeden, dem es schwerfällt, sich das vorzustellen, hat die Natur ein schönes irdisches Beispiel parat:

Da kriecht eine plumpe Raupe auf der Erde herum, bis sie eines Tages in einer Hülle verschwindet, die wie ein Sarg für sie ist. Darin stirbt ihr Leib ab … und ein Schmetterling (griechisch: Psyche) erscheint, erhebt sich leicht und unbeschwert in die Lüfte und fliegt dem Himmel entgegen.

Dieses Bild symbolisiert mir immer wieder diese wunderbare Welt, in der wir leben.

*

Nachwort:

Wie viele schlaflose Nächte ich verbracht habe, um diese Gedanken zu formulieren, weiß ich nicht mehr. Das ist auch unwichtig. Wichtig dagegen ist, dass ich meinen Nachtgedanken eine Richtung aufgezwungen habe. Erst nachdem es mir gelungen war, das vorher so wahllose Umherirren meiner Grübeleien auf drei Fragen zu bündeln, wurden aus meinem nächtlichen Unbehagen sinnvolle Nachtgedanken. Hatte ich anfangs die schlaflosen Stunden als *vergeudete Zeit* empfunden, wurden sie von Nacht zu Nacht zu einem, fast möchte ich es *Glücksgefühl* nennen.

***

Nähere Angaben zum Autor Hans-Manfred Milde und aller bisher von ihm erschienenen literarischen Arbeiten sind unter www.hans-manfred-milde.de leicht zu finden.